青木住職の
寺さんぽ日記

興徳寺住職 青木隆興

幻冬舎MC

おん しゃれい それい
そんでい そわか

目次

【興徳寺イラストまっぷ】

7
11～17
24
6
23
25
28
8
18
20
10
19
3
ふみ石
5
27
26
22
30

真言宗のお寺
興《こう》徳《とく》寺《じ》でゆったりと
おすごしください。

1

准提観音《じゅんていかんのん》

数えきれないほど多くの仏を産んでいることから「仏母」とも呼ばれています。日本では特に、子授けと安産のほとけ様として崇められています。仏像の高さは約10mで、3つのお目と18本のお手を持ち、それぞれの手に抱えた仏具などで人々に功徳をもたらしてくれます。

准胝観音御真言
おんしゃれいそれい
そんでいそわか

2

3

4

お砂《すな》ふみ石

山門下の敷石の上に鎮座する大きな円形の石です。石の下には四国八十八カ所霊場のお砂が収められており、この石を踏むことでお遍路を歩いたのと同じ功徳を授かることができます。また准提観音のお足下にも西国《さいこく》三十三所観音霊場のお砂が埋められており、西国を歩いたのと同等の功徳が得られます。

おそうじ地蔵

山門を入ってすぐのところに立っているかわいらしいお地蔵さんです。赤いニット帽をかぶったり、最近では白いマスクをつけたりしながらお掃除をしております。おそうじ地蔵のそばにも数体のお地蔵さんが集っています。白いお花はシュウメイギク。

5

賓頭盧《びんずる》さん

「撫でぼとけ」の別名をもつ賓頭盧さんを撫でることによってご利益をいただけます。たとえば自分の足の具合が良くないときに賓頭盧さんの足を撫でると、痛みを和らげてくれるのです。お釈迦様の弟子である十六羅漢の一人で、修行中に隠れてこっそりとお酒を飲むといったユーモラスな一面もあったそうです。

6

7

8

本堂

現在の本堂は昭和27年に再建されたものです。先々代、先代住職が檀信徒《だんしんと》の方々と協力し、数々の復興事業を行い現在に至っています。賓頭盧さんは本堂前の右側に座っています。

9

休憩所

山門を入ってすぐ左手に小さな休憩所があります。休みたくなったらこの場所に座って境内《けいだい》を眺めてみましょう。四季折々のお花も楽しんでいただけます。紫色のお花はアメジストセージ。

10

放生池《ほうじょうち》

山門と本堂の間にある小さな池です。池の中では美しい錦鯉や金魚が気持ちよさそうに泳いでいます。小さな金魚も錦鯉たちと同じ環境で育ち、「これが金魚なの？」と驚かれるほどの大きさに成長しています。

御前立《おまえだち》

本堂へはお履きものを脱いでお上がりください。ご本尊様は秘仏（厨子《ずし》の扉を閉じたまま祀られる仏像)のため、御前立（おまえだち、厨子の中の本尊様に代わってその前に安置される仏像)をお祀りしています。

11

12

13

14

北を守る多聞天《たもんてん》

西を守る広目天《こうもくてん》

南を守る増長天《ぞうちょうてん》

東を守る持国天《じこくてん》

15

不動明王《ふどうみょうおう》

怖い形相をしていますが不動明王はほとけ様です。背中に炎を背負われています。世の中の煩悩を火で焼きつくし平和をもたらすために燃えていらっしゃいます。

撫で五鈷
撫で五鈷に触れた手で
身体の悪い所をなでてください

16

撫《な》で五《ご》鈷《こ》

密教の法具である金剛杵（こんごうしょ）のひとつである五鈷杵（ごこしょ）を撫で五鈷として置かせていただいています。撫で五鈷を手で撫で、自分の身体の弱いところや悪いところを触ってみてください。

17

興徳寺のご本尊様　薬師瑠璃光如来《やくしるりこうにょらい》

現在の御前立は京の大仏師、今村九十九《つくも》師により刻されました（昭和五十七年四月に開眼法要）。

薬師瑠璃光如来《やくしるりこうにょらい》

薬師如来は、衆生《しゅじょう》の疾病を治癒する仏として信仰されています。興徳寺の薬師如来は、特に目に御利益があるほとけ様と言われており、目に病をお持ちの方々や、「先の見通しが利き事業がうまくいくように」と商売繁盛、社運興隆、家内安全を願う方々がお参りされています。

紅葉の高野山にて（2022年10月撮影）

人生の悩みに青木住職がお答えします！

【高校生の悩み】

友達を作るのが苦手です。私に魅力がないのでしょうか？

　私も未だに人見知りで自分から声をかけられません。幼少時代から幼稚園や小学校で「お友達を作りましょうね。遠足では手をつないで」みたいなことを言われ、友人がいない自分はダメな人間なのかもしれない……、という観念が植えつけられた気もします。

　十人十色、いろいろな考えがあって、お互いを認め合うからこそ世の中が成り立ちます。心を開くことができないのも個性です。もう少し個性を認める学校教育があってもいいのではないのかと思います。友達を作るのが苦手なあなたに魅力がないわけではありません。たまたまあなたと同じ価値観の人が見つかっていないだけです。焦らなくても大丈夫。素直に生きていれば必ずあなたとしっくりくる「心友《しんゆう》」に出会える日が来ます。

【会社員の悩み】

『安定＋やりがいなし』の仕事を続けていくべきでしょうか？

　一度きりの人生です。長い人生の中で大事なのは生活の質と尊厳です。仕事は「楽しさ」で選んでみてはどうでしょうか。私はお酒をいただきますが、「よくがんばった」と思える日と「今日の結果はいまひとつ」と思う日があり、お酒の味が変わる気がします。

　あなたは今の仕事でどんな結果が出たときに「今日はよくがんばった」と思えるでしょうか。あなたが思うやりがいなしの仕事でも、そう思える日があればまったくやりがいがないわけではないのかもしれません。一度も「がんばった」と思える日がないのであれば、転職に挑戦してみることを考えてみましょう。初めて経験する職場はたとえ何歳になっても不安でいっぱいです。一度きりの人生、楽しい毎日を選んでみませんか？

紅葉の高野山にて（2022年10月撮影）

人生の悩みに青木住職がお答えします！

【親御さんの悩み】

子どもがぜんぜん勉強しません。どうしたらいいでしょうか？

「ちゃんと育ててきたはずなのに言うことを聞いてくれない……」

親の想いと違う方向に向かうのが子育ての常です。我が子には期待もするし、希望があると思えるのでつい「勉強しなさい」と口にしてしまいます。子どもはなぜ勉強をしないのでしょうか。それは勉強より遊ぶほうが楽しいからです。しかしそんなときでも親御さんの伝え方さえちゃんとしていれば、子どもは耳を傾けてくれるはずです。

親御さんの発言が昨日と今日で違っていたり、親御さんがスマホに夢中で子どもを無視したりしていませんか？　子どもはコピーロボットのように真似します。「親」は本当に「子の鏡」なのです。お子さんの態度を嘆く前にご自身の発言と態度を見つめ直してみましょう。

【定年退職者の悩み】

仕事ひと筋の会社員も定年退職、退屈な毎日で困っています。

私の父は私が高校生の時に病を患い、大学２年生だった私は１年間高野山の修行に行き、大学卒業後に副住職になりました。以来30年弱一途に興徳寺に奉職しております。ほかに仕事をしたかといえば学生時代にアルバイトをしたくらい。未だに仕事人間の類に属しているようでこれといった趣味はありません。

それでもお寺に来られる方にとっては私の仕事は新鮮なようで、たくさんお話しする機会をいただいており日々の発見があります。退屈だと思う毎日の中でも、これまでの仕事で積み上げたものを将来につなげることであなたの生活に潤いが生まれると思います。たとえばご自分の仕事に近い種類のボランティア活動をしてみてはいかがでしょうか。積極的に人の輪に入ることをお勧めします。

仏教ほっこり
4コマ漫画

興徳寺では年2回（春・秋）発行している『興徳寺だより』に
「ご住職に素朴な質問」と題した4コマ漫画を掲載しております。
イラストレーター・鈴木さちこさんの
ほっこりする4コマ漫画をおたのしみください。

登場人物

住職：青木隆興

妻：ユミさん

弟子：小川寛正

母：陽子さん

娘：ハナちゃん

イラストレーター：鈴木さちこ

目次

髪の毛

毎日、髪の毛を剃るんですか?
1週間に1回自分で剃ります
最初にバリカンを使うんですが、後頭部が虎刈りになってしまうので…
手で残った髪の毛を感じながらカミソリできれいに仕上げます
ほー
4日間過ぎてしまうとカミソリだけではきれいに剃れないんです。一番いいペースは4日に1回ですね
常に清潔を心がけています
さすが!
でも……
ピュッ
いて
はははは
ひー
よく剃るとき失敗して血が出ちゃうんですよ

お経とのどのケア

お経を覚えるのは大変でしたか?
お経は毎日唱えていますので自然と覚えます
子供が九九を覚える感覚ですね
お経は仏様の教えですから有難いものなので唱えるときは間違えないように必ずお経の本を読みながら唱えます
でもついつい経本無しで唱えてしまいます
漢字がいっぱい
あかんけど…
美声を保つのどのケアを教えてください
夏でも外から戻ると必ずうがい薬でうがいをします。それぐらいですかね
ガラガラ…
ガラガラ…
あとは…
カバンには常時のど飴が入っています
レモン味が好きです♥
うわっ
ドサドサッ

御朱印

御朱印※お願いします
少しお待ちくださいね
サラ
サラ
※お寺や神社でいただける印黒書で寺社名や参拝日などを書いてもらえます
墨書きはたくさん練習したのですか？
父親が字の綺麗な人でしたから、筆で書く仕事は任せっぱなしで…
今になっていっぱい練習してますけど全然上手になりませんね
そんな僕には心強い味方が……
ちょっと弱気？
さっ
ぺったん
准提観音様の押し印が加わって御朱印がパワーアップしました！
すごい強気…

食事

精進料理ばかりのお食事ですか？
修行中は完全な精進料理でしたが、今はなんでも感謝していただいてます
残すことはありません！
修行中のカレーはいちばんのごちそうで、お肉の代わりに薄揚げが入っているんです
洋食も好きですよ
洋食LOVE
洋食LOVE
修行中でもカレーが食べられるのですね！
びっくり
一番好きなのはニンニクがたっぷり入ったラーメンかなぁ
修行中はニンニクを食べてはいけないのでその反動でしょうか
はっもしかして今日のランチは…
プ〜ン
ははは
バレちゃいましたか？
あーおいしかった

音楽

どんな音楽が好きですか？
いつもお経CDきいているとか？
小さな頃から洋楽を聴いてました今はラテン音楽が好きです
いえいえ
車の中や書斎で事務仕事をしながら聴くことが多いです
胎教にってわけではなかったのですが娘がおなかの中にいるとき、よくコンサートに行きました
TOTO、ジャーニーアースウインドファイヤーとか
そんなときは、おなかの中でよく動き回っていたようです
イエーイ！
ノリノリ
おなかの中イメージ図
そのおかげか今はテレビから音楽が流れるとノリノリでリズムにのってます
20年後ステージで見られるかも？
将来楽しみですね
へへへ…

起床・就寝時間は？

朝は何時に起きて、夜は何時に寝ますか？
5時30分起床23時には寝ます。朝は本堂を開けたり軽くお掃除して6時30分に門を開けます
5時30分!!
またお掃除の続きをして8時からあさごはん、9時にお参りに出発っていうのがだいたい毎日のルーティンワークです
いってきまーす
門は日没時間ぐらいに閉めますので季節により異なります
夜は何をして過ごすのですか？
事務仕事をしたり、ジムに行ったり、子供とお風呂に入ったり。僕はとても寝つきがよくて…
「おやすみ」って言って5秒後にはいびきをかいているみたいです
おやすみ
ガー
娘も私に似て、夜泣きもせず朝までぐっすりです
親孝行な娘さんですね…
バブ

お気に入りは？

興徳寺で好きな場所は？
夕陽がキレイに見える本堂の縁側です
うっとり
それに…
梅雨時の夜のアマガエルとたまに朝やってくるシジュウカラの鳴き声も好き
興徳寺の境内は大阪市内とは思えない環境ですよね
好きな風景は雨の日の朝客殿から見る庭です。いつかここでカフェができたらいいなぁと
Cafe
住職が淹れてくれるこだわりのコーヒー楽しみ♥
coffee
espresso
プハーッ
実は僕はもっぱら炭酸水でコーヒー、紅茶はあんまり飲まないんですよ
カフェインで胃がしんどくなるので
…人の話、聞いてます？
ラテ・アート
ハスクッキー
木魚もなか
観音パフェ
おいしそ～
薬師如来トースト

職業について

実は僕…
旅行関係か地図の製作の仕事をしたかったです
えー！意外！
青木観光
初めてお伺いするおうちとかは、住所さえ教えてもらえばきちんと到着できます
方向感覚いいんですよ
今のお仕事でも活かせてますね
ここだ！
ピンポーン
もし、転職するとしたら住職を辞めて？
人間も自然の中で生かされていると思ってます。毎日お天道様が出てきたら働きだして暗くなったら今日もおしまい、みたいな自然の中でできる仕事をしたいです
ですので…
漁師になりたいです！
つれた!!
あおき丸
意外すぎる！

弟子登場!

住職は忙しくされてますね。なにかが重なったときとか、どうするんですか?
実は弟子がいてまして……
え!?
初めまして、小《お》川《がわ》寛《かん》正《しょう》です
初耳!!
お葬式や法事、お参りなど私が無理なときにお任せしてます
そうなんですね~
いえいえ、そんな……
イケメン!
けっこうウケが良くて私よりもいい仕事しているみたいですよ
今日もよろしくお願いしますね
はい、承知いたしました!
住職……?
メラメラ…
ゴォォォォ…
嫉妬?

危険(?)な趣味

転職するとしたら漁師になりたい青木住職
小型船舶の免許を持ってるんです
実は僕……
え!?ホントですか?
海外も行けちゃうんですよ
ふっ
ステキ!
ロマンがありますね~
まあ……ペーパー船長ですけどね
こないだ一度、若狭湾で練習したからたぶん大丈夫です
はっ?
ペーパー!?
よかったら乗ってみませんか
あと15人くらい乗れますよ~
遠慮しておきます!!

家での服装は？

住職といえば、着物姿の印象が強いのですが家で過ごすときはどんな服装ですか？
Tシャツやパジャマも着たりします？
着ますよ～
この服装が多いです
夏
Tシャツ
短パン
冬
フリース
作務衣
ずっと着物姿というわけではないのですね
リラックスしているときはパジャマでいることが多いです
楽ですものね～
ふあ～
……
パパ！それはパジャマ！早く着替えなさい！
ひ
今日、仕事休みなんだけどダメ？
キビシー
ははは
ハナちゃん

入園式ダイエット

2020年4月
入園式に向けてダイエット成功！
After
Before
パパかっこいい！
ところが、コロナで入園式延期。
食事制限してあんなにがんばったのに……
もうがまんしない!!
おかわり！
だんだんと体型が戻り始める
2021年春
延期になっていた入園式やりますって
パパのおなかぽんぽこりーん
ダイエットも間に合わない……
入園式
4月×日
ポテチ

ざわつく法事

笑える失敗談ってありますか？
ありますよ
今日は法事だからきれいに散髪しておこう
痛！
大楽金剛不空眞實三摩耶経〜
ざわ
ざわ
？
住職の絆創膏が気になっちゃって
すみません…
大丈夫？
みなさん法事に集中できなかったようで
気をつけてくださいね

50年間お疲れさまでした

住職のお母様の陽子さんが引退されます。
50年前の境内は今とだいぶ違っていたみたいですね
観音様も大きな池もまだ無かったのですよ
お花や緑があふれていて素敵なお庭です
いつも季節の花が咲いているように花木や草花を増やしました
大阪の夏の暑さに耐えられる種類にしているんですよ
興徳寺は訪れた人が癒され元気をもらえるお寺だと思います
先代の想いが実現できたのでしょうか。檀家の皆さんにはずいぶんとご協力いただきました
50年のお付き合いありがとうございました
こちらこそありがとうございました！
ゆっくりしてくださいね

【特別版】キャラ弁作った!!

料理はされますか?
娘のお弁当を作るために母から特訓を受けているんですよ
はやく!こげちゃうよ
できた!完璧だ
ハナ〜キャラ弁できたよ!
ジャーン!
KŪ KAI
仏様なんてイヤだー
空海さんだよー
キャラの選び方間違ってるわよ

お盆参りデビュー

今年から小川くんにお盆のお参りをお願いしてるんですよ
いかがでしたか?
皆さまが優しく迎え入れてくださりました。嬉しかったと共にご先祖さまへのご供養の責任も重く感じました
日焼けしていますね〜
バイクで回っていたので日焼けしすぎちゃいました。あと、初めてお邪魔するお宅が多くて、よく道に迷いました
暑さとの戦いでしたよー
坊主頭で、甲子園が開催されていた時期ということもありまして
坊さんの格好をした高校球児が来たかと思った
なーんて言われたことも
かなり若く見えたようです
はははは
はははは
それは面白いね
住職…?
メラメラ
ゴオオオオ…
嫉妬?

【特別版】住職のあこがれ

あるロック歌手のファンとおききしましたが……
2006年に初めてライブを見て感動！それから追い続けています
ダンディで素敵ですよねー
自分を奮い立たせるときによく聞きます
うわっ
人にパワーを与える方ってすごいですよね。私も誰かを元気にしたり目標にしてもらえる存在になりたいな～と日々活動しています
大楽金剛わー
不空眞實
三摩耶経～
どうかしましたか？
ロックなお経とか…？

【特別版】住職はボクサー!?

住職って、合掌の形がきれいですね
実は僕、キックボクシングを習っていてその影響かもしれませんね
顔を手で護ることを重点的に教えられます
他に何か身についたことはありますか？
日常生活においてもいろいろなことを冷静に判断する能力が増している実感がありますね
キラーン
かっこいい!!
実戦を見据えたトレーニングをしてます
実は……ダイエットのために入会したパーソナルジムがキックボクシングをメインとしていたんだよね。習うのは予定外だったというか
キックボクシングができる住職なんてなかなかいませんよ
そうですかねぇ照れます
まぁいいか好印象だし
ははははは

「お墓のお掃除しようかな」

弟子の小川さん、子どもたちと

御朱印

11月11日限定「准提観音様」の御朱印です。犬好きな方にも人気です。

乳がん検診の大切さを伝える御朱印です。毎年10月のピンクリボン月間に合わせてお出ししています。

融通地蔵様の御朱印です。お互いが通じ合い調和が取れるようにという願いが込められています。

月替わり御朱印。毎年10月31日のハロウィンに合わせてお出ししています。

秋の季節、農作物などの収穫がうまくいくようにという願いが込められています。

興 徳 寺 の 御 朱 印 が で き る ま で

季節に合わせた御朱印を
楽しんでいただいています

「お参りする方が持ってこられた御朱印帳に心を込めて書かせていただいています。オリジナルのスタンプを作ったり構図を考えているとあっという間に時間が経ってしまいます。最近は行列ができる日もあります」というのは青木住職の奥様で御朱印担当の由美さん。

お願い地蔵

ミニサイズのお地蔵さんの御守りです。お地蔵さんの裏に「家内安全」「心身健全」「交通安全」「合格祈願」など自分のお願いごとを書いて地蔵堂に奉納してください。お地蔵さんは偉大な力を持っており私達のさまざまな願いを叶えてくれます。

御守り

御守りには仏様の力が宿っています。興徳寺では商売繁盛、病気（特に眼の病）にご利益があると言われる『肌御守り』（青色）、子授け・安産にご利益があると言われる『准提観音巾着御守り』（桃色）ほか数種類の御守りを授与しております。

手作り御守り

季節によって変わる興徳寺の手作り御守り。可愛らしい巾着型の御守り、夜行性で暗闇でも見通せるふくろうの御守り、干支の御守りなど興徳寺の信者さんがハンドメイドでひとつひとつ丁寧に仕上げてくださっています。それぞれ形やお顔が違います。

近鉄奈良駅前の行基像（PHOTO：イメージマート）

僧 侶 行 基 と 興 徳 寺

お寺の歴史は飛鳥時代までさかのぼります

興徳寺の歴史は、行基《ぎょうき》という僧侶が再建するところから始まります。もともとは、聖徳太子が生きていた時代（574～622年）に現在の法円坂《ほうえんざか》（大阪府大阪市中央区）に「薬師院」として建てられましたがその薬師院が火事に遭いその後行基さんにより再建されたと言われております。

行基さんが生まれたのは668年、飛鳥時代です。現在の大阪府堺市で生まれ、15歳で出家しました。行基さんは修行をしたりお経を読んだりするだけでなく、人々の暮らしがよくなるように川に橋を架けたり貧しい人のために食事を用意したりして多くの人に慕われた僧侶でした。

時代が飛鳥時代から奈良時代に移ると仏教を深く信仰する聖武天皇《しょうむてんのう》が即位します。第45代の天皇です。当時の日本では権力争い、疫病《えきびょう》、飢饉《ききん》、地震などの災害と悪いことが続いて起こって人々は不安な毎日を送っていました。聖武天皇はその不安をなくすために大きな仏像「毘盧《びる》遮那仏《しゃなぶつ》」をつくることを考えて行基さんに相談しました。

行基さんは大仏づくりの先頭に立ち、全国から集まった大勢の人と一緒に毘盧遮那仏を完成させました。奈良の東大寺にある大仏がその毘盧遮那仏です。

人々に慕われた行基さんにより再建されたと言われている興徳寺は、第二次世界大戦の大阪大空襲により山門以外を喪失しましたが、昭和27年に本堂を再建し先々代、先代住職が檀信徒の方々と協力し、数々の復興事業を行い現在に至っています。

18

時代とともにお墓の形態も変わってきています。興徳寺では木製の骨壺を興徳寺のシンボルツリーである楠の木の根元に直接埋葬する樹木葬があります。職人が手作りで丁寧に仕上げた欅（けやき）の骨壺を樹木の根元に埋めることにより、その骨壺は10年ほどで土になります。樹木葬を選ばれた方は欅のぬくもりに抱かれて自然に還ります。

樹木葬を選ばれる方にはお墓の継承者がいない方、供養でお子さまに負担をかけたくない方、自然を愛する方などがいらっしゃいます。しだれ桜、そして興徳寺のシンボルツリーである楠の木を囲むように４つの樹木葬永代供養墓があります。共同で納骨する合祀墓（ごうしぼ）、ご遺骨の一部を納骨する部分納骨、ご遺骨の全部を納骨する全骨納骨、最大４名まで納骨できるお墓があります。近隣の方々の憩いの場として親しまれている興徳寺の境内を見渡す位置にある樹木葬墓地でゆっくりとお眠りいただけます。

樹木葬　しだれ桜 19

20 樹木葬　楠の木

興徳寺のお庭ですやすや眠っています

お庭にはたくさんのふくろうがいます

煩悩・不安を焼き払ってくれる不動明王

「僕はちょっと分かりにくい所にいます。見つけてね」

おみくじは寺務所で授与しております

お水で手を清めてからお参りしましょう

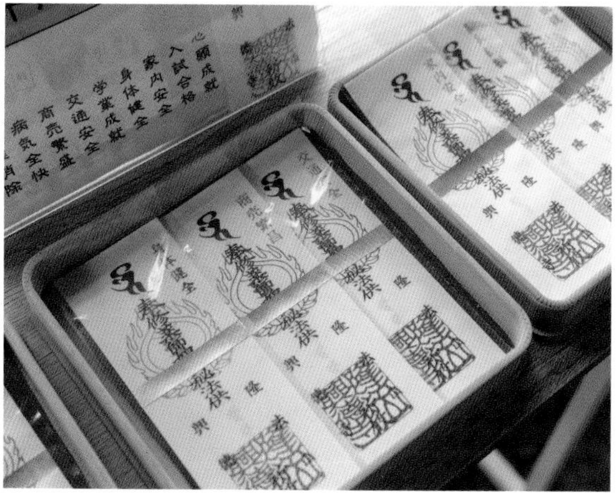

「家内安全」などのお札も授与しております

お墓のご見学の方にお渡ししている
興徳寺オリジナルデザインのお水です

21

准提観音

左右の手に人々を導くための花や斧、瓶などを持たれています。手が重なりあっていますので興徳寺にいらっしゃいましたらぜひ背の方からもご覧ください。

右手に持っているもの（上から）

・跋折羅《ばさら》（大魔を降す）
・宝髪《ほうはつ》（身を飾る）
・鉄鈎《てっこう》（竜神を降す）
・宝剣《ほうけん》（魍魎鬼神を除く）
・鉄斧《てっぷ》（難をよける）
・微若布羅迦果《びにゃぶらかか》（知恵を授く）
・数珠《じゅず》（諸仏が来る）
・施無畏《せむい》（不安を除く）

左手に持っているもの（上から）

・紅蓮華《ぐれんげ》（諸天に生ず）
・宝幢《ほうとう》　（功徳を与える）
・薬壺《やっこ》（病を癒やす）
・金輪《こんりん》（退転しない）
・法螺《ほうら》（善神を召す）
・宝経《ほうきょう》（学問を得る）
・賢瓶《けんびょう》（所願満足せしむ）
・羂索《けんさく》（安穏を得る）

22

融通地蔵尊

融通とは「滞りなく通ずること」という意味ですが仏教用語では融通無碍（ゆうづうむげ）といい、それぞれ異なるものが溶けあい一体になるという意味があります。たとえば人間関係からくるトラブルはいつなんどきでも生じます。回避するのではなく「お互いが通じ合い調和が取れるように」とお願いしてみましょう。きっとうまくいくはずです。

23

六地蔵尊

すべての生き物は生まれ変わる時に6つの世界のいずれかに向かうと言われています（六道）。天道（てんどう：楽しいことに満ち溢れた世界）、人間道（にんげんどう：人間の住む世界）、修羅道（しゅらどう：争いの絶えない世界）、畜生道（ちくしょうどう：畜生の世界）、餓鬼道（がきどう：飢えと渇きの世界）、地獄道（じごくどう：苦痛の絶えない世界）。六体のお地蔵様は6つの世界にあるそれぞれの苦しみから私たちを救ってくれる役目を担っています。

24

弘法大師空海像

真言宗宗祖の空海。宝亀《ほうき》5年（774年）、現在の香川県善通寺市で生まれた佐伯真魚《さえきまお》（空海の幼名）は31歳のときに遣唐使の一行とともに唐（中国）に渡り、長安にある青龍寺東塔院（しょうりゅうじとうとういん）で恵果《けいか》和尚に会い真言密教のすべてを授けられました。興徳寺の空海像は青木住職にそっくりです。

25

三宝荒神《さんぽうこうじん》

弘法大師が高野山を開山する際に、板に「三宝荒神」を描いて荒神を祀るとともに檀上の鬼門にも荒神を勧請《かんじょう》して、高野山の大伽藍《だいがらん》を建立したとされています。火の神、台所の神として家内安全、商売繁盛などを願う方々に信仰されています（『三宝大荒神略縁起』より）。

三宝荒神御真言
おんけんばやけんばやそわか

26

ちんどん屋さんの元祖

チンチンという鉦《かね》の音、ドンドンという太鼓の音。これらの音に由来してその名前で呼ばれている「ちんどん屋さん」の元祖・勇亀《いさみがめ》のお墓があります。 歌舞伎や文楽の開演の合図、「とざいとーざい（東西）」を真似て歩いたことから東西屋と呼ばれていました。

27

ペットのお墓

ワンちゃんやネコちゃんなども大切な家族の一員です。境内のあらゆるところにいるかわいらしい動物たちが大切なワンちゃん、ネコちゃんのお墓を見守っています。

28

天空へのメッセージ

亡くなられた方へ感謝の気持ちや生前に言えなかったひとことを伝えたい……。そんな願いを手紙に託してみませんか？　興徳寺では定期的に皆さまの気持ちが綴られた手紙をお焚き上げしております。

29

寺務所《じむしょ》

六地蔵尊の裏手に位置するところに、御朱印を仕立てている寺務所があります。子どもたちの描いた絵が飾ってあったり、小さなほとけ様が座っていたりして参拝される方の憩いの場になっています。

30

山門

興徳寺唯一の戦前からの建造物がこの山門です。「毎朝6時半より開門しております。ぜひお散歩の途中にでもお寄りいただき、ご自分の時間、ほとけ様との時間を楽しんでいただけると幸いです」（住職）

ごあいさつ

僧侶になり29年、住職になり12年になります。世の中の価値観が多様化する中で、私自身改めてお寺の役割を考えるようになりました。

たとえば海の近くにもうひとつ寺院をつくり、海洋散骨で旅立った人の法要を海の見える本堂で営んでみる。ご参加いただいた方々が本堂でご本尊様に手を合わせ、故人をしのび、法要が終わると同時に目の前に太平洋の景色が広がる。「おじいちゃん、天国でも好きな海で泳いでいるのかな……」「一緒にこの海で泳いだなぁ」と懐かしんでいただけるお寺があってもいい。そんなお寺の構想を思い描いています。

時代はどんどん変わっていきます。あたりまえのことが非常識になることもあります。いつの時代も大切なのは優しさを忘れずに、皆さまの心に寄り添う寺院であることと思います。これからも気軽にお散歩に来ていただける興徳寺であるよう努力してまいります。

青木隆興

【制作スタッフ】

画

鈴木さちこ

東京生まれ。旅好きのイラストレーター&ライター。ホクト「きのこ組」、キッコーマン「うちのごはん隊」のキャラクターデザインを手掛ける。著書に『日本全国ゆるゆる神社の旅』（サンクチュアリ出版）『住むぞ都！』（東京書籍）『路面電車すごろく散歩　増補版』（イースト・プレス）などがある。

写真

小野口健太

東京生まれ。出版社で社カメを経験し、被写体であった自転車競技の選手に興味を持ち、プロに交ざり自身も競技を開始。目標であった国内実業団レースで入賞し、競技に区切りをつけ、スポーツカメラマンに。エンデュランス競技を中心に最近は企業やイベントの撮影を担当している。

編集

笠原来夢

大学卒業後、新卒で出版社に入社し書籍編集に携わる。寺院に纏わる書籍の制作は本作が初めて。漫画・ゲーム・旅行・アイドルが好きな多趣味人間。

構成

市村まや

編集歴30年の編集者。世田谷区にある真言宗寺院「吉祥院」に生まれ育つ。今回のお仕事にご仏縁を感じ高野山の修行に向かう。趣味はピアノと掃除。

デザイン

小松清一

出版物をはじめ音楽・映像・ゲームソフトなど各種パッケージ、広告・SPツール・ノベルティの企画制作も行っている。株式会社フェイスデザイン代表取締役。

＜著者紹介＞
青木隆興（あおき・りゅうこう）
高野山真言宗隆法山興徳寺住職

青木《あおき》住職《じゅうしょく》の「寺《てら》さんぽ日記《にっき》」

2023年1月26日　第１刷発行

著　者　　青木隆興
発行人　　久保田貴幸

発行元　　株式会社 幻冬舎メディアコンサルティング
〒151-0051　東京都渋谷区千駄ヶ谷4-9-7
電話　03-5411-6440（編集）

発売元　　株式会社 幻冬舎
〒151-0051　東京都渋谷区千駄ヶ谷4-9-7
電話　03-5411-6222（営業）

印刷・製本　中央精版印刷株式会社
装　丁　　小松清一

検印廃止

ISBN 978-4-344-94303-2　C0015
幻冬舎メディアコンサルティングHP
http://www.gentosha-mc.com/